LE GOUJAT

DIALOGUE EN TROIS ACTES,

PAR

JOSEPH BERTIN.

Prix : 1 franc.

PARIS,

CHEZ H. DUMINERAY, LIBRAIRE,

5ª, rue Richelieu.

—

1854.

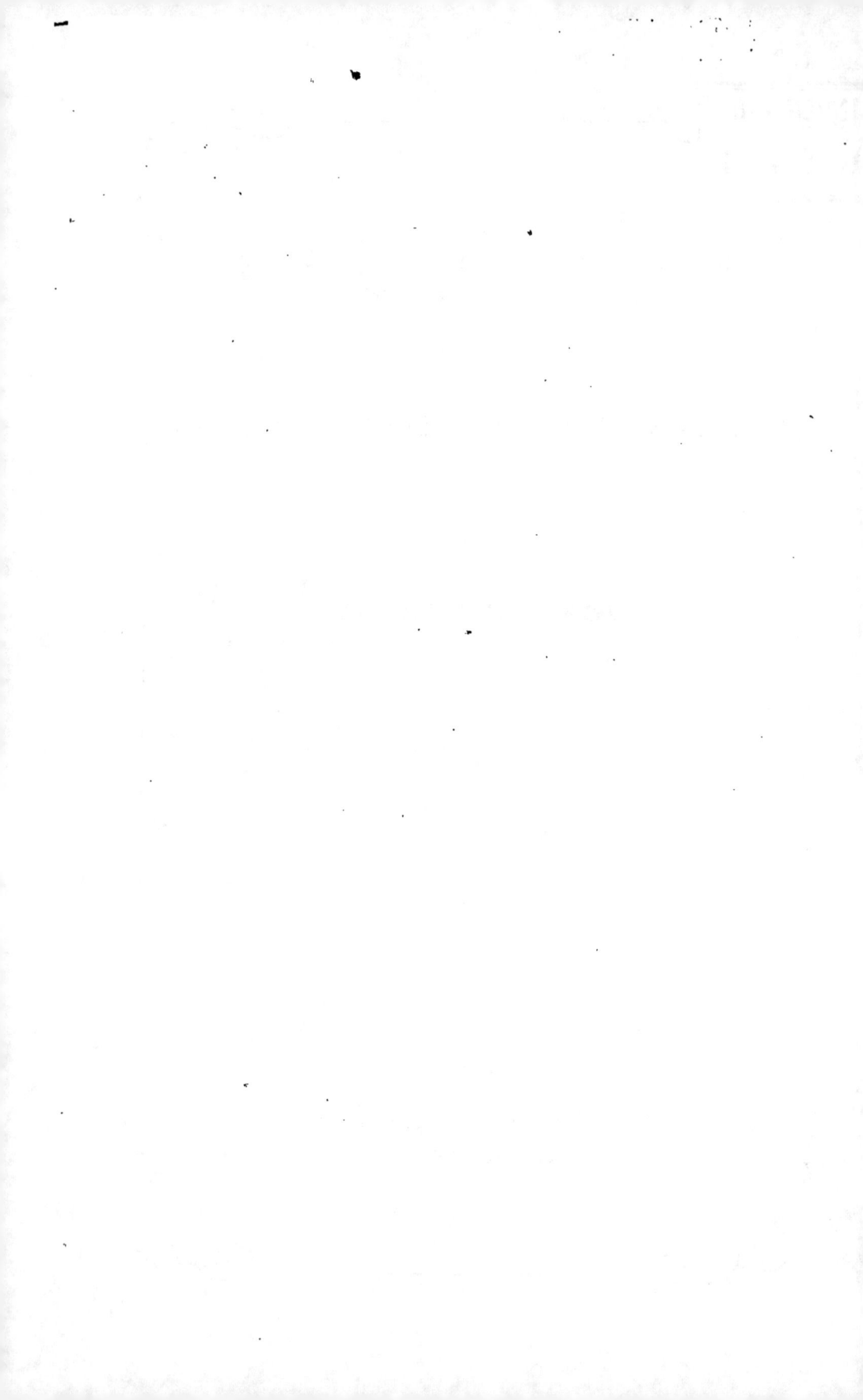

LE GOUJAT.

LE GOUJAT

DIALOGUE EN TROIS ACTES

PAR

JOSEPH BERTIN.

PARIS,

Chez H. DUMINERAY, Libraire,

52, RUE RICHELIEU.

1854.

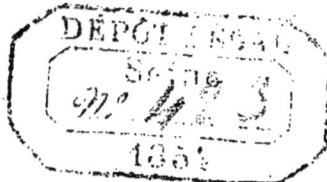

PERSONNAGES.

LA REINE, Vingt ans, très-petite, admirablement belle, type de Cléopâtre.

MATHIEU, grand, d'une force extraordinaire, type de lutteur moderne.

LA MARQUISE, nourrice de la reine, quarante ans, grosse et flasque, encore présentable.

LE GRAND MARÉCHAL, long et efflanqué, soixante-dix ans.

LA MACETTE, vingt-quatre ans, courtisane princière, grande et robuste, peau blonde et chatoyante, cheveux roux italiens, type maîtresse du Titien.

Suite de toute sorte.

Mœurs et costumes de fantaisie.

LE GOUJAT

DIALOGUE EN TROIS ACTES,

ACTE PREMIER.

SCÈNE PREMIÈRE.

LA REINE, LA NOURRICE.

Une villa royale; grande salle terminée à gauche par une terrasse dominant la campagne.

LA REINE.

Voilà donc cette nature que les poètes appellent sublime et magnifique. Elle me pèse comme un plomb sur la poitrine, et cet air aux parfums pénétrants m'étouffe. Oh! l'ennui, l'ennui. Qui me trouvera au ciel ou sur la terre quelque chose digne d'être regardé? quelque parole ou quelque chant dont on ne m'ait déjà rebattu l'oreille; quelque désir qui, au bout de cinq minutes, ne puisse être satisfait? Je jetterais volontiers ma couronne à la tête de celui qui me fera vivre pendant un instant. Car je suis morte; cette énorme calotte bleue est le couvercle de mon tombeau.

LA NOURRICE.

Pourquoi vous être retirée ici? pourquoi avez-vous défendu la porte de ce château à cette cour empressée, toujours prosternée devant vous? pourquoi garder pour seule compagne et femme de chambre une vieille comme moi, quand les princesses et les duchesses les plus belles se disputent pour tenir à genoux votre miroir, et font assaut d'esprit et de sourires pour vous plaire? Pourquoi n'avez-vous pas pris un nouvel amant parmi tous vos jeunes seigneurs, dont chacun est amoureux de vous et se ferait briser les côtes pour obtenir une de vos nuits, dussiez-vous, comme Cléopâtre, lui faire boire le lendemain un vin empoisonné.

LA REINE.

En voilà quatre en un an, sans que j'aie eu un seul semblant de joie. Ils ne font tous qu'un même imbécile gourmé, prétentieux, orgueilleux, et tout à la fois humble à dégouter; ayant toujours à la bouche ces mots vides de sens « amour éternel, poésie et ivresse infinie, » qui me donnerait envie de les souffleter.

LA NOURRICE.

Peut-être croyez-vous ces hommages adressés à la reine et non à la femme ; mais voyez le prince Mercutio, votre capitaine des gardes, regardez un instant ce cupidon aux yeux voilés de langueur sous le casque de Mars, et vous lirez dans ce gracieux ensemble de toutes les perfections, l'amour le plus franc et le plus désintéressé.

LA REINE.

Tes phrases, marquise, sont fleuries à agacer les nerfs. Que m'importe ce Mercutio ? quand il est arrivé à la cour, je l'ai trouvé beau et j'ai pensé à le rendre amoureux ; la chose était faite avant que j'aie eu le temps de m'intéresser à lui. Quand le jour de la présentation il vint s'agenouiller pour la première fois devant mon fauteuil de reine, ce ne fut pas seulement le corps du sujet qui plia sous cet œil noir qui le défiait au combat, son âme aussi était prosternée, et quand il déposa le baiser officiel sur ma royale main, ses lèvres tremblantes disaient je vous aime. Oh ! l'impossible, le désir s'aiguisant à la lutte, un but, un but pour que je vive.

LA NOURRICE.

Ah ! si comme moi vous aviez connu la misère et l'opprobre, si vous aviez peu à peu gravi les échelons de la fortune et de la faveur, comme vous sauriez savourer tous les avantages que vous possédez ; la beauté, la jeunesse et la puissance.

Mais à peine vos petits pieds ont-ils pu soutenir votre corps aux formes harmonieuses, que vous avez foulé les tapis épais. Quand vous couriez, belle enfant, blanche et nue au milieu de la chambre royale, les duchesses se pressaient pour entrer; pour jouer avec vous, elles se couchaient par terre, cassant le brocard de leurs robes; elles vous couvraient de baisers des pieds à la tête, et prodiguaient les caresses, les chants, les mines gracieuses, les inventions bouffonnes, pour exciter vos éclats de rire enfantins ou calmer vos larmes.

LA REINE.

Je suis lasse de ces attouchements, de ces baisers dont elles m'usent le corps depuis vingt ans. Le cœur me soulève quand le matin, en ouvrant les yeux, je les vois à genoux autour de mon lit, épiant mon réveil, m'offrant leurs épaules nues pour point d'appui quand je descends de l'estrade, me parlant de mon esprit, de ma beauté, avec l'enthousiasme d'un homme, faisant assaut de flatteries et d'hommages serviles, de doux regards et de larmes même si je les brutalise; avides de cette faveur qui donnerait à leurs frères et à leurs amants des cordons et des dignités nouvelles.

LA NOURRICE.

Vous n'aimez personne?

LA REINE.

Si j'ai de l'affection pour toi, tu es bête et prétentieuse, mais tu me parles comme à une égale, tu n'annihiles pas ta volonté devant la mienne, et quelquefois tu me tiens tête jusqu'à me mettre en colère. Cela me donne un moment d'émotion.

LA NOURRICE.

(*A part.*) Ceci est bon à savoir! (*Haut.*) Que ne vous mêlez-vous davantage de gouverner?

LA REINE.

Oh! je l'ai essayé, c'est une insipide besogne. Que mes ministres, tout en me volant, machinent seuls leurs coups d'état et leurs finesses stupides. Je ne les entends que trop couvrir de leurs grands mots leurs fades niaiseries, quand ils ont à venir réclamer de moi des mesures prétendues importantes.

LA NOURRICE.

Votre chef de cabinet, le grand-maréchal, est un habile et de plus un honnête homme.

LA REINE.

C'est possible; mais il est étroit, sot, et vient me dire d'un air mystérieux et gourmé des secrets de Polichinelle. Qui vient-là?

UN CHAMBELLAN, *fléchissant le genou.*

Madame, un valet du prince Mercutio apporte pour Votre Majesté une lettre de son seigneur. Il a ordre, dit-il, de vous la remettre lui-même; comme cet acte est contraire à toute espèce d'étiquette, j'ai cru devoir en informer Votre Majesté, vu la dignité de la livrée de cet homme, et considérant les résultats étranges...

LA REINE.

Ah! cela est contraire à l'étiquette? Faites-le entrer tout de suite.

LE CHAMBELLAN, *se levant.*

Les ordres de Votre Majesté vont être exécutés.

LA REINE.

Les ordres de Ma Majesté devraient l'être déjà. (*Sort le chambellan.*) Que peut contenir cette lettre? (*Ironiquement.*) Je gage que ton Cupidon a trouvé quelque ingénieux moyen de se rendre intéressant.

LA NOURRICE.

Peut-être une nouvelle importante à votre salut. (*Entre Mathieu, le chambellan lui fait signe de s'agenouiller et sort.*)

MATHIEU *présente la lettre debout.*

Voilà.

LA REINE, *lui donnant un soufflet.*

Veux-tu bien te mettre d'abord à genoux, bêlitre. Bien, maintenant la lettre de ton maître.

MATHIEU.

Faut m'excuser, ma reine, je ne savais pas. Il y a si peu de temps que je suis chez monseigneur.

LA REINE, *riant.*

Sa reine! Allons, va te mettre au bout de la salle et attends notre réponse. Marquise, lis.

LA NOURRICE, *lisant.*

« Madame, au moment où vous recevrez cette lettre,
» j'aurai mis fin à une vie misérable. Mais je ne veux
» pas emporter dans la tombe le secret qui me tue,. je
» vous aime. Je vous aime, et votre image n'a cessé de
» torturer mon âme, depuis le jour où porteur d'un
» message extraordinaire, je fus reçu dans votre salle
» de bains. Les flots des draperies voilaient toute vôtre
» baignoire, votre tête seule apparaissait appuyée sur
» un coussin cramoisi, au milieu des torsades de vos
» cheveux noirs. Quand je me fus agenouillé et que
» j'eus tendu vers vous ma lettre, vous sortîtes votre
» bras nu pour la prendre, mais vous eûtes soin en ou-
» vrant la main de faire jaillir quelques gouttes d'eau
» sur mon visage et mes dentelles, tandis que vos dents
» aiguës mordant vos lèvres étouffaient un sourire.
» Peut-être ne vous en souvient-il pas? voilà pourquoi
» je meurs. »

LA REINE, *nonchalamment.*

Ce Mercutio a cru être touchant, il n'est que ridicule.
Après?

LA NOURRICE.

La lettre est terminée, et soyez sûre que la vie de
Mercutio l'est aussi en ce moment.

LA REINE, *riant.*

Mourir pour quelques gouttes d'eau. Ah ! ah! ah!
c'est vraiment plaisant.

MATHIEU, *riant du bout de la salle.*

Ah! ah! ah! c'est vraiment plaisant !

LA REINE, *sévèrement.*

Tu nous écoutes donc là-bas?

MATHIEU.

Non, ma reine, mais j'avais cru bien faire en riant, puisque vous riez. Faut m'excuser si je me trompe, il y a si peu de temps que je suis arrivé de chez nous.

LA REINE.

Voilà un robuste imbécile. Approche. (*Mathieu approche et se met precipitamment à genoux.*) Il paraît que ma leçon de tout à l'heure n'a pas été perdue. Non, relève-toi. Comment se fait-il que le prince ait chargé de ce message un rustre de ton espèce?

MATHIEU.

C'est que monseigneur fait cas de moi, depuis qu'il m'a vu rosser son maître garde-chasse, du temps que j'étais paysan. Il m'a pris à son service, et il me dit souvent le mot pour rire. Vers midi j'avais bien bu à l'office, et j'étais étendu sur le dos dans le jardin, le prince me fait signe de sa fenêtre : « Tiens, paresseux, » prends cette lettre et porte-là à la reine. Vingt louis, » si tu t'acquittes bien de ta commission, sinon cin-» quante coups de trique. »

LA REINE.

Tu n'auras pas tes vingt louis, car ton maître vient de se tuer, il me l'annonce ici.

MATHIEU.

Ah bien! en voilà un farceur; dire que j'ai été au galop tout le temps.

LA REINE.

Tu es un valet d'un sans gêne et d'une impudence rare, tu me plais. Assieds-toi dans ce fauteuil.

MATHIEU.

Oh! ma reine! je sais trop bien que si je le fais vous me baillerez encore une gifle.

LA REINE, *riant.*

Mais pas du tout. Assieds-toi, te dis-je.

MATHIEU.

Ce n'est pas de refus, car je suis éreinté de quatre lieues à cheval, et messieurs vos laquais qui buvaient dans la salle basse n'ont pas voulu m'admettre avec eux. J'ai eu peine à me retenir d'en démolir deux ou trois. (*Il se carre dans son fauteuil.*)

LA REINE.

Tu es donc très-fort?

MATHIEU.

Dame! il faut croire, puisque j'ai rossé le maître-

garde du prince, qui passait pour l'homme le plus robuste à dix lieues de là.

Raconte-moi l'aventure.

Volontiers; il faut vous dire qu'au pays mon père
voulait m'apprendre à creuser des sillons, mais je n'ai
pas pu, ça m'ennuyait; je sautais sur le cheval de la-
bour et je courais la campagne. En revanche, il n'y
avait pas mon pareil pour jouer du baton et trousser
les filles en un tour de main. On disait bien en-dessous
que j'étais un *fainiant*, mais guères en face.

Comment pouvez-vous prendre plaisir à entendre bavarder ce valet?

Pourquoi pas? Lui ou un autre. Tu as peur qu'il ne
nous trousse? Continue.

Il y avait deux jours que monseigneur était dans ses
terres, et moi je guettais dans le petit bois la femme du
garde, qui me trouvait robuste... C'était une bien belle
femme, grande, grosse et rudement plantée (*montrant
la nourrice*), quasi comme Madame.

Ah, ah, ah, tu la trouves donc belle?

MATHIEU.

Oh! oui.

LA REINE, *riant.*

Ah, ah, ah, prends garde, marquise, tu sais que ce
gaillard est capable de tout. Je te préviens que je le
laisse faire.

LA NOURRICE, *visiblement flattée.*

Qu'il s'y hasarde!

LA REINE, *riant.*

Et moi, me trouves-tu belle?

MATHIEU.

Il n'y a pas besoin que je dise comment je vous
trouve.

LA REINE.

Si, je le veux.

MATHIEU.

Eh bien, vous ressemblez à la petite sainte en bois
rouge qui est dans notre église.

LA REINE.

Quel effet te produit-elle?

MATHIEU.

Ah, ah, révérence parler, aucun. Là, franchement,
vous ne m'iriez pas. Vous êtes toute chétive, petite et
menue, j'aurais peur de vous casser.

LA REINE, *froidement.*

Vraiment?

LA NOURRICE, *à part.*

L'imbécile!

MATHIEU.

Or donc, pour en revenir à notre histoire....

LA REINE.

Non, ton histoire m'ennuie, va-t-en.

MATHIEU, *se levant.*

Adieu, ma reine. Pourrai-je aller boire à l'office.

LA REINE.

Oui.

MATHIEU.

Vous me le permettez; ah bien, il faudra voir si vos valets me refusent; je leur dirai deux mots.

LA REINE.

Tu feras bien.

MATHIEU.

C'est toujours vingt louis de perdus.

LA REINE, *lui jetant sa bourse.*

Tiens, prends cela.

MATHIEU.

Merci, ma reine.

LA REINE.

Allons, tu n'es pas parti. (*Sort Mathieu*). Dieu, marquise que nous allons nous ennuyer ce soir.

LA NOURRICE, *éclatant de rire.*

Ah, ah, ah !

LA REINE.

Tu es bien gaie.

LA NOURRICE.

Que Votre Majesté me pardonne, mais l'impudence avec laquelle ce valet l'a traitée était très plaisante. J'ai cru un moment que vous alliez le faire pendre.

LA REINE.

Le faire pendre? Et pourquoi? Me crois-tu piquée de la préférence que t'accordait cet imbécile.

LA NOURRICE.

Ces gens du peuple sont d'une autre race que la nôtre; quand nous les avons courbés sous le joug, nous les appelons nos esclaves; mais ils restent vraiment indépendants, tant leurs opinions et leurs goûts différents des nôtres leur font mépriser nous, nos plaisirs, notre vie, et tout ce qui nous semble beau et aimable.

LA REINE.

Qu'en conclus-tu?

LA NOURRICE.

Que ce goujat a parlé franchement, qu'il vous trouve laide, et que jamais vous ne pourriez faire changer d'idée à cette tête obtuse; que tous les grands seigneurs du monde sont fous de vous, mais que vous n'exciterez jamais les désirs de ce taureau.

LA REINE.

Tu crois que si je voulais, je ne tournerais pas la tête
à ce manant?

LA NOURRICE, *riant.*

Vous parliez de l'impossible; le voila trouvé, je crois.

LA REINE.

Oui, mais cet impossible est fastidieux.

LA NOURRICE, *avec indifférence.*

Une soirée de passée.

LA REINE *siffle, le chambellan paraît.*

C'est facile à voir. Allez prendre le valet du prince,
ôtez-lui sa livrée; et dites-lui qu'il va dîner ce soir en
tête à tête avec moi. (*Le chambellan reste immobile*).
M'avez-vous entendue. Marquise, vient m'habiller.

SCÈNE II.

Une table splendidement servie, Mathieu, vêtu en seigneur, mange
et boit, il commence à être ivre; la reine est assise près de lui
en deshabillé galant, la nourrice les sert debout.

LA REINE, *chantant.*

« L'amour est une perle, une perle si rare, au fond
» des mers si bien cachée, que le pêcheur fatigué bien-
» tôt n'y croit plus. »

MATHIEU.

Voilà, ma reine, une chanson à porter le diable en terre.

LA REINE.

Elle ne te plait pas?

MATHIEU.

Non. C'est égal, je commence à être heureux. Eh, vous, la nourrice? A boire. Pas de ce vin blanc, pouah. Du rouge, il est bon, et de l'eau-de-vie, elle est fameuse.

LA REINE.

Non, c'est moi qui vais te servir. (*Elle lui sert à boire*).

MATHIEU.

Vous êtes une bonne pâte de reine; vous m'inviterez encore, pas vrai? On dîne bien ici; seulement il n'y a pas assez de viande.

LA REINE.

On ne chante donc pas dans ton pays?

MATHIEU.

Si, mais plus fort que ça.

Zig, zig, tournez,
Les verres, les femmes, et les bouteilles
Zig, zig, tournez.

LA REINE.

Zig, zig, tournez,
Les verres, les femmes et les bouteilles,
Zig, zig, tournez.

MATHIEU.

Pas mal, la petite mère. (*La reine appuie son bras nu sur l'épaule de Mathieu.*) Otez-donc ce bras, vous me gênez pour boire. Et toi, la grosse, tu ne chantes pas?

LA NOURRICE.

Non.

MATHIEU, *se levant.*

Sacredieu, la belle femme! Je vais te faire chanter, viens donc ici, j'ai une petite chanson à t'apprendre. (*Il la prend dans ses bras*).

LA NOURRICE, *lui donnant des coups de poingt sur la tête.*

Finiras-tu? Madame, appelez! Qu'on nous débarrasse de ce furieux ! (*Elle s'échappe de ses bras*).

MATHIEU.

Allons, ne fais pas la fière. (*Il la poursuit*). Ah non, j'ai bu un coup de trop. (*Il s'étend sur un divan et s'endort*).

LA REINE.

Cet homme me dégoûte. (*Elle siffle, au chambellan*). Vous voyez ce rustre qui est là étendu, demain vous le ferez pendre.

LE CHAMBELLAN.

Les ordres de Votre Majesté seront exécutés.

Le grand-maréchal est arrivé depuis une demie-heure, il demande instamment à parler à Votre Majesté d'affaires d'une haute importance. (*Entre le grand-maréchal*).

LE GRAND-MARÉCHAL, *fléchissant le genoux.*

J'ose braver les ordres de Votre Majesté, il faut absolument que je lui parle.

LA REINE.

Faites-le donc puisque vous êtes entré. (*Elle fait signe au chambellan de se retirer*).

LE GRAND-MARÉCHAL.

Je voudrais être seul avec Votre Majesté.

LA REINE.

Marquise, laisse-nous. (*La nourrice sort.*)

LE GRAND-MARÉCHAL.

Et cet homme?

LA REINE.

Celui-ci est ivre-mort, vous pouvez parler.

LE GRAND-MARÉCHAL, *à part.*

Oh! femme débauchée! (*Haut*) Madame.....

LA REINE.

Asseyez-vous.

LE GRAND-MARÉCHAL.

L'horizon politique se rembrunit, le char de l'état roule vers un abîme ; et moi qui, hier encore, regardais avec calme mon œuvre de vingt ans, je me vois sur le point de perdre ma réputation et le fruit de mes longues veilles, si le ciel n'inspire à Votre Majesté et à ses ministres une idée rapide, heureuse, opportune qui fasse rentrer nos ennemis dans le néant.

LA REINE, *baillant*.

Après.

LE GRAND MARÉCHAL.

Madame, le roi des Mirelangois, au mépris des traités, s'est emparé par trahison des villes de Votre Majesté situées sur l'autre rive du fleuve : Millebourg est pris.

D'un côté, c'est une déclaration de guerre que notre honneur nous empêche de refuser, quand même notre intérêt n'y serait pas joint ; mais, de l'autre, nos espions m'apprennent que le roi des Mirelangois a rassemblé des forces immenses auxquelles nous ne pourrions résister qu'en gagnant le temps nécessaire à tripler notre armée.

D'un troisième côté, le roi des Badigoinciers a conclu, avec son voisin, une alliance secrète, il lui prête sous-main une partie de ses soldats. Gardez-vous d'en douter, madame, à notre premier revers notre frontière du midi sera également envahie.

Qu'opposer à tout cela, le seul général sur lequel je pouvais compter, le prince Mercutio, vient de terminer lui-même ses propres jours par un suicide incompré-

hensible; il me faudra exposer mes vieux lauriers au
hasard de la fortune ennemie. Je le ferai, mon dévouement m'y contraint, mais il faut le temps de rassembler
des forces considérables, et l'envahisseur ambitieux
n'attendra pas. A peine nos troupes disséminées dans
nos villes pourront-elles soutenir les siéges dont ces
villes sont menacées; dans deux mois, toutes ces villes
prises, l'ennemi est aux portes de la capitale. Cepen-
dant, il faut se décider; mes collègues, dépourvus de la
fermeté militaire qui me caractérise, ont perdu en-
tièrement la tête. L'ambassadeur mirelangois demande
ses passeports; les lui donner, c'est nous priver de notre
seul ôtage, c'est livrer votre illustre cousin, ambassadeur auprès des Mirelangois, à la cruauté de ces ennemis
féroces; mais, d'un autre côté, si je le mets dans la pri-
son que mérite son souverain, c'est fermer la porte à
toute temporisation, temporisation qui, je ne crains
pas de le dire, est notre seule chance de salut; que
faire, que décider ?

LA REINE.

Maréchal, vous êtes un imbécile.

LE GRAND-MARÉCHAL.

Malgré l'affirmation de Votre Majesté, j'ai peine à
m'en convaincre; j'ai été pris au dépourvu...

LA REINE, *se levant avec vivacité.*

Comment, au dépourvu? avec les fonds secrets que
je vous accorde on nourrirait toute une cavalerie. Que
font vos espions? Au dépourvu...

LE GRAND-MARÉCHAL.

Que Votre Majesté se calme, qu'elle daigne observer que, d'un côté, la fortune est changeante et se joue des combinaisons les plus habiles des pâles humains. Je suis un vieux brave couvert de blessures ; mes longs services... mon dévouement à votre maison... que, de l'autre, peut-être le salut est-il près de nous : après la pluie vient le beau temps, à père avare enfant prodigue ; la mort peut nous délivrer de notre ennemi.

LA REINE.

Que me conseillez-vous ?

LE GRAND-MARÉCHAL.

J'attends les décisions de Votre Majesté, elles seront fidèlement et en tout point exécutées.

LA REINE.

Mes décisions ! quoi, vous êtes mon ministre, vous êtes chargé de ma sûreté, et, cerveau félé, vous n'avez dans la tête nul projet, nulle idée !

LE GRAND-MARÉCHAL.

Eh bien si, madame, mais je n'osais.

LA REINE.

Parlez, mais parlez donc.

LE GRAND-MARÉCHAL.

Je crains que vous ne vous y refusiez, je voulais vous y préparer peu à peu.

LA REINE.

(*à part*) Il est stupide (*haut*); mais parlez donc ! il s'agit de la ruine.

LE GRAND-MARÉCHAL.

Puisque Votre Majesté me l'ordonne, je dirai le projet que m'inspire un esprit vieilli dans les ruses de la politique. Madame, le roi des Mirelangois a un fils boiteux et chétif, une maladie chronique, fruit de ses débauches, ne permet pas de supposer de longs jours à ce jeune prince; aux temps prospères vous avez refusé sa main; je ne crains pas de le dire, vous avez ainsi attiré sur nous les malheurs qui nous accablent. Vous l'avez tourné en dérision dans l'entrevue qu'on vous avait ménagée.

LA REINE.

Eh bien !

LE GRAND-MARÉCHAL.

Eh bien, madame, des raisons de haute convenance, que votre haute intelligence devine, doivent vous faire consentir à ce mariage.

LA REINE.

Votre idée est inepte, c'est m'humilier sans raison, sans profit; d'ailleurs, jamais je ne me courberai à ce point. Si les ennemis arrivent sous les murs de notre capitale, je vous fais jeter dans la mer avec ma couronne et tous mes trésors, et j'incendie la ville et le palais; je mourrai dans les flammes fière et libre.

1*

LE GRAND-MARÉCHAL, *s'essuyant le front.*

Que Votre Majesté se calme, nous n'en serons pas réduits, j'espère, à ces fâcheuses extrémités ; je vais méditer de nouvelles combinaisons dans le silence du cabinet. Je trouverai la solution, je la trouverai ; un seul mot de votre belle bouche : que faire de l'ambassadeur Mirelangois ?

LA REINE.

Eh, que voulez-vous que je vous dise.

MATHIEU *se lève et baille.*

Ah ça, n'aurez-vous pas bientôt fini de bavarder, voilà une heure que vous m'empêchez de dormir.

LE GRAND-MARÉCHAL.

Quel est cet impudent ? voulez-vous que je le transperce sous vos yeux, madame ?

MATHIEU.

N'approche pas, vieux cassé, ou je te brise la tête avec ce fauteuil ; tu ferais bien mieux d'aller pendre ton ambassadeur.

LA REINE.

Tu crois qu'on devrait le pendre ?

MATHIEU.

Oui, et me laisser dormir, sans me rompre d'avantage les oreilles.

LA REINE.

Tu as donc entendu, tu sais de quoi il s'agit ?

MATHIEU.

Pas trop; tout ce que je sais, c'est qu'il y avait un ambassadeur, des villes à prendre, des batailles à gagner, de la cavalerie; oui ! même, d'abord vous m'avez procuré un beau rêve.

Je me voyais à cheval, un grand sabre à la main et quatre mille cuirassiers derrière moi qui m'appelaient général; puis nous étions dans une grande plaine, et des bataillons innombrables s'avançaient vers nous. Je poussais un rugissement de lion, la terre tremblait sous nos cuirasses, et faisant trou dans la masse ennemie, nous frappions. C'était une belle fête, mon sabre et mon bras étaient rouges de sang, et plus je frappais, plus je rugissais de plaisir. Mais, bientôt, mes yeux se sont ouverts, et je n'ai plus entendu que la voix de mouton de ce vieux bonhomme; il n'a pas l'air rusé ce vieux-là.

LE GRAND-MARÉCHAL.

Insolent !

LA REINE.

Tu aimerais donc bien te battre ?

MATHIEU.

Oh ! oui.

LA REINE.

Pourquoi ne t'es-tu pas fait soldat ?

MATHIEU.

Ça n'est pas la même chose; être général, à la bonne heure. Après un bon dîner, monter à cheval et jouer des mains sur la tête des autres, ça m'a toujours semblé charmant, c'est une danse qui me va; mais être soldat, faire des marches forcées, recevoir des coups de bâton, manger du mauvais pain et de la soupe rance, et ne jamais se battre, ça n'est pas mon affaire.

LA REINE.

Si je te faisais général, serais-tu content?

MATHIEU.

Pardieu, je prendrais le monde entier; mais vous voulez rire; un paysan, on peut souper avec lui quand on s'ennuie, mais le faire général, allons donc!

LA REINE.

Je peux tout; voyons, que ferais-tu? Les Mirelangois m'attaquent, Millebourg est pris, peut-être ont-ils passé le fleuve; ils ont trois fois plus de troupes que moi?

MATHIEU.

Ce que je ferais, ça n'est pas difficile; on monte à cheval ce soir, dans deux jours on leur tombe dessus et on tape plus fort qu'eux. Ah! si j'avais seulement le beau cheval noir de mon maître: un poitrail à fendre un bataillon; je les tuerais tous à moi tout seul.

LA REINE

Ecoute, es-tu brave ?

MATHIEU.

Je ne sais pas.

LA REINE.

Je te confie mes troupes; mais si tu es vaincu je te fais trancher la tête.

MATHIEU.

Tant que vous voudrez; mais je ne serai pas vaincu. Je vous dis que je tape plus fort que les autres.

LA REINE.

Mais nos troupes sont disséminées.

MATHIEU.

Que des cavaliers partent, et que toutes vos troupes aient ordre de se diriger vers Millebourg. Ah! si j'étais le maître! Je vous dis qu'en deux jours ça serait fini.

LA REINE.

Je te fais commandant de toutes mes forces. Grand-maréchal, entendez-vous, que tout le monde lui obéisse, que tous ses ordres soient exécutés!

LE GRAND-MARÉCHAL.

Madame, Votre Majesté n'y pense pas. Cet inconnu est un paysan, dit-il; il ne m'appartient pas de savoir à el titre il se trouve ici; mais son ignorance absolue fait tout son courage. Songeons plutôt à décider ce que nous ferons de l'ambassadeur.

MATHIEU.

Tais-toi, vieux. Elle dit qu'on m'obéisse. Je t'ordonne d'aller pendre à l'instant ton ambassadeur. Si dans cinq minutes ça n'est pas fait, je te pends toi-même.

LA REINE.

Obéissez! vous dis-je, il y va de votre vie.

LE GRAND-MARÉCHAL.

Si l'ordre vient de Votre Majesté, je n'ai plus qu'à obéir.

LA REINE.

Ceci n'est pas une plaisanterie, maréchal. Vous m'avez perdue, vous méritez la mort; un seul homme a du courage, je me rattache au seul espoir que vous m'ayez laissé. L'audace et la décision sont bien près de la force! Si vous n'obéissez à cet homme comme le dernier de mes soldats, je vous brise. Prenez garde! allez!

(*Le maréchal sort.*)

MATHIEU.

Diable! diable !

LA REINE.

Tu faiblis; il n'est plus temps de reculer. Tu m'as assez insultée. Il n'y a plus pour toi que le succès ou la mort.

MATHIEU.

Moi reculer! Allons donc! Ce n'est pas de cela qu'il s'agit ; mais il faut, vous aussi, monter à cheval; sans cela, tous ces nobles vont, comme celui-ci, refuser de m'obéir. Qu'après chacun de mes ordres vienne celui de votre bouche, qui prononce la mort contre qui ne l'exécute pas! Allons, ma reine, à cheval! et, aussi vrai que cette table est cassée (*Il donne un coup de poing sur la table.*) dans trois jours, vos ennemis ramasseront leurs têtes.

LA REINE *siffle.*

A cheval!

FIN DU PREMIER ACTE.

ACTE II.

SCÈNE PREMIÈRE.

En rase campagne. — Des soldats boivent et mangent.

PREMIER SOLDAT.

Tudieu! Quel vin! Jamais pareille liqueur n'a réjoui mon estomac.

DEUXIÈME SOLDAT.

Vive notre général! Il aime le soldat.

TROISIÈME SOLDAT.

Ah! C'est un homme du peuple comme nous. Il a dit que les grades seraient maintenant au plus brave, et non au plus noble.

QUATRIÈME SOLDAT.

Quand il a fallu quitter la garnison et faire marche

forcée pour arriver ici, je l'ai furieusement envoyé au
diable; mais quand je l'ai vu à cheval, avec son grand
plumet et tout chamarré d'or,—grand et solide comme
une montagne, avec un sabre à couper un peloton en
deux; — quand j'ai entendu sa voix qui fait résonner
nos cuirasses; quand il a abattu d'un coup de poing
notre tambour-major qui grognait, tudieu ! j'ai vu qu'il
fallait marcher droit.

CINQUIÈME SOLDAT.

Ah ! c'est un fameux homme ! Il rit avec nous et il est
toujours en avant.

SIXIÈME SOLDAT.

Est-ce qu'on va se battre ?

PREMIER SOLDAT.

Je ne sais pas ; mais je jouerais volontiers des mains
en ce moment ; je suis rond comme un pois. (*Roulement de tambours.*) A nos rangs ! (*Les soldats sortent en
courant.*)
(*Entrent la Reine, Mathieu en général, le Grand-Maréchal,
suite.*)

LE GRAND-MARÉCHAL.

Madame, par tout ce qu'il y a de plus sacré au monde,
n'allez pas plus loin; n'exposez pas ainsi la majesté
royale aux balles et aux boulets qui vont bientôt pleu-
voir de toutes parts.

LA REINE.

Partout où il ira, j'irai.

MATHIEU.

Bravo ! ma petite reine. Alors, nous allons monter à cheval, et la danse va commencer.

LE GRAND-MARÉCHAL.

Monsieur , permettrez-vous au moins à un vieux brave, couvert de blessures, de vous donner quelques notions de tactique qui vous prouveront combien votre projet est insensé.

MATHIEU.

Quel vieux bavard !

LA REINE.

Maréchal, taisez-vous !

MATHIEU.

Où est l'échanson ? (*L'échanson se présente.*) Vous avez distribué aux soldats les caves de Sa Majesté, le vin rouge et l'eau-de-vie?

L'ÉCHANSON.

Oui, général.

LES SOLDATS, *au-dehors.*

Vive le général ! Vive la reine!

MATHIEU.

Un roulement! Je vais leur parler.

LES SOLDATS, *défilant.*

Vive le général! Vive Mathieu!

MATHIEU, *d'une voix de tonnerre.*

Silence dans les rangs! Halte! Mes amis, il y a là un grand diable de fleuve; l'ennemi est derrière. Il s'agit de passer sur le fleuve et sur l'ennemi. Vous avez bien bu et bien mangé; vous êtes dispos!

LES SOLDATS.

Oui! oui!

MATHIEU, *d'une voix de tonnerre.*

Silence! Eh bien! Tout homme qui, dans vingt minutes, n'est pas sur l'autre rive, sera fusillé. Mes sergents d'armes ont vos noms sur de grandes listes, on y fera des croix. Quant à moi, vous n'aurez qu'à me regarder faire, je serai sur l'autre rive le premier, et je vous réponds que j'ai le bras long.

LES SOLDATS.

Vive Mathieu!

LE GRAND-MARÉCHAL.

Mais, quel est votre plan?

MATHIEU.

Vous allez le savoir. Radotta, votre canon est le long du fleuve?

RADOTTA.

Oui, général.

MATHIEU.

Allez le rejoindre, et commencez le feu. Dans cinq minutes vous le cesserez. Vous vous ouvrirez par le milieu pour laisser passer d'abord moi, à la tête de la cavalerie, puis toute l'infanterie, qui passera de front. Dix minutes après, elle sera tout entière dans l'eau, et moi sur l'autre rive. Alors, vous vous rangerez le long du fleuve, et si vous voyez la moindre hésitation, le moindre recul dans mes troupes, tirez dans l'eau à mitraille, et que pas un ne puisse regagner cette rive. Ensuite, vous passerez vous-même le fleuve. Allez. Toi, ma reine, à cheval! Tu as des pistolets dans tes fontes; brûle-moi deux ou trois cervelles! Quant aux coups de sabre, ne crains rien; il faudrait que celui-ci fût brisé. Si ton cheval dérive, je l'attacherai à mon grand cheval noir, qui ne dérivera pas. (*On entend le bruit du canon. Mathieu tire son sabre, pousse un rugissement et sort.*)

MATHIEU, *au-dehors.*

A moi, mes cuirassiers!

LE GRAND-MARÉCHAL.

Madame, je vous en conjure...

LA REINE.

Laissez-moi! Partout où il ira, j'irai! (*Elle sort.*)

LE GRAND-MARÉCHAL, *tirant son épée piteusement.*

Eh bien, donc, à cheval! Le sort en est jeté: mon devoir est de veiller sur ma reine. Faut-il exposer pour un caprice ma tête couverte de vieux lauriers!...

2

SCÈNE II.

Une heure après.—L'autre rive du fleuve.—Un village ennemi.

LES SOLDATS.

Victoire! victoire! Au pillage! (*Ils entrent dans les maisons. On entend des cris.*)

(*Entre Mathieu, rouge de sang; son sabre est cassé.*)

MATHIEU.

Du sang! Encore du sang! Non! mon cheval noir est mort et ma lame est brisée! Oui; mais elle a tué le roi!

(*Entrent des soldats poursuivant une femme.*)

MATHIEU. (*Il la prend et la lève à bras tendu.*)

Votre général prend celle-ci pour lui! Amusez-vous! amusez-vous, mes amis! Sac et pillage! Main basse! main basse! (*Il entre dans une maison.*)

LES SOLDATS.

Vive le général! Hourra! hourra!

(*Entre le Grand-Maréchal. Des soldats traversent la scène en courant.*)

LE GRAND-MARÉCHAL.

Mon ami, avez-vous vu la reine?

LE SOLDAT.

Non. Sus à la fille! sus à la fille! (*Il se sauve.*)

LE GRAND-MARÉCHAL, *à un soldat ivre qui tient une bouteille.*

Soldat! qu'est devenue ta reine?

LE SOLDAT *boit.*

En voulez-vous? Il n'est pas bon.

LE GRAND-MARÉCHAL.

Et ton général?

LE SOLDAT.

Le sien était meilleur que ça.

LE GRAND-MARÉCHAL.

Que faire? Depuis une heure je la cherche.

(*Entre Mathieu.*)

MATHIEU.

Tambours, battez! Qu'on rappelle les hommes!

LE GRAND-MARÉCHAL.

Qu'avez-vous fait de votre reine?

MATHIEU.

Je ne sais, mais elle n'a rien. La petite a tenu bon au feu quand nous avons chargé; mais quand le silence du sabre a succédé; mais quand il a fallu marcher sur des cadavres qui avaient encore la force de hurler, elle s'est évanouie. Je l'ai donnée à garder à un aide-de-camp.

(*A ses officiers*). Messieurs, nous partons. Demain, nous serons devant la capitale ennemie. Nous n'allons pas perdre de temps à leur prendre des villes; il faut les frapper au cœur et leur annoncer nous-mêmes notre victoire !

LE GRAND-MARÉCHAL.

Où dois-je alors chercher la reine?

MATHIEU.

Au diable! Messieurs, je pars avec toute la cavalerie. Chaque cavalier aura un fantassin en croupe. Nous allons au trot. Le reste de l'infanterie suivra de loin. Radotta a-t-il passé tout son canon sur cette rive?

LES OFFICIERS.

Oui, général.

MATHIEU.

Allez lui dire qu'il nous suive au plus vite. Il faut qu'il arrive en même temps que nous là-bas. Dépêchez. Vous, prenez un gros de cavaliers, parcourez les environs, et si vous trouvez des maraudeurs retardataires, ramenez-les à coups de sabre! A cheval! Je vais choisir l'élite de l'infanterie.

LE GRAND-MARÉCHAL.

Comment, Monsieur, vous laissez sans souci l'ennemi sur vos derrières? Permettez à un vieux brave couvert de blessures de vous donner quelques légères notions de stratégie, et vous verrez combien votre projet est insensé.

(*Mathieu sort sans l'écouter, avec ses officiers.*)

LE GRAND-MARÉCHAL.

Suivons-le; le succès l'a enflé; il ruine les forces de Sa Majesté. Ceci est contraire à toutes les règles de l'art. Mais la reine! la reine! Oh! ma tête se perd. (*Il sort.*)

(*Entrent des valets royaux portant la reine évanouie; et un aide-de-camp.*)

L'AIDE-DE-CAMP.

Allez chercher un siége. Bien, déposez-la; de l'eau. Elle rouvre les yeux.

LA REINE.

Ah! Où suis-je?

L'AIDE-DE-CAMP.

Au milieu de vos ujets

LA REINE.

Qui est victorieux?

L'AIDE-DE-CAMP.

Les troupes de VotreMajesté·

LA REINE.

Et lui, où est-il? Mort? blessé? Parlez!

L'AIDE-DE-CAMP.

Qui? Madame,

LA REINE.

Le général.

L'AIDE-DE-CAMP.

Je ne sais, Madame.

LA REINE.

Comment, vous ne savez ! Qu'on me donne un chez val.

(Entre le grand-maréchal.)

LE GRAND-MARÉCHAL.

Enfin, je vous revois; vous vivez, Madame. Il en est temps encore; punissez un coupable; retirez-lui une confiance dont il n'est pas digne.

LA REINE.

Qu'est devenu le général ?

LE GRAND-MARÉCHAL.

C'est de cet homme que je parle à Votre Majesté.

LA REINE.

Eh bien ! je l'ai laissé au fort de la mêlée ; ses yeux lançaient des éclairs, tout tombait sous son bras. Peut-être est-il blessé ? Parlez.

LE GRAND-MARÉCHAL.

Votre Majesté prend beaucoup d'intérêt à un homme qui l'a laissée livrée à tous les dangers.

LA REINE.

Taisez-vous, vous ne savez ce que vous dites ; je m'étais évanouie ; il s'agissait de vaincre, et non de faire revenir une femme. L'avez-vous vu ?

LE GRAND-MARÉCHAL.

Il se porte à merveille et continue à faire des siennes.

Il se perd, il se perd. Mais quand même un succès impossible couronnerait son entreprise, Votre Majesté n'aurait pas à s'en louer. Quand je l'ai quitté, il disait à qui voulait l'entendre que son armée victorieuse ne connaissait que lui, qu'elle savait bien que lui seul lui avait donné la victoire.....

LA REINE.

Il a raison,

LE GRAND-MARÉCHAL.

...Et qu'il allait conquérir pour son propre compte le royaume ennemi.

LA REINE.

Je veux le voir.

LE GRAND-MARÉCHAL.

Oh ! il est déjà parti au grand trot pour la capitale Mais l'artillerie est encore ici ; si vous voulez le punir de sa trahison, ordonnez à Radotta de rester près de vous.

LA REINE.

Non pas. Il marche, dites-vous, vers la capitale ?

LE GRAND-MARÉCHAL.

Oui ; il prétend que demain soir elle est à lui. Hein, hein, ces ignorans, ça ne doute de rien.

LA REINE.

Grand maréchal, vous allez le joindre. Non, pas vous. (*A l'aide-de-camp.*) Approchez, vous qui comprenez cet homme. (*Elle passe son grand-cordon au cou de l'officier agenouillé.*) Je vous fais chevalier de l'ordre et duc. Allez trouver Mathieu, et offrez-lui officiellement ma main. Voici mon sceau royal qui va vous sceller les titres de votre ambassade.

SCÈNE III.

Le lendemain soir; la nuit est tout à fait venue. Une plaine; à gauche, la tente de Mathieu. Au fond. une grande ville dont on ne voit qu'un coin.

MATHIEU, L'AMBASSADEUR DE LA REINE, SUITE.

L'AMBASSADEUR.

Général, que dois-je répondre à celle qui m'envoie?

MATHIEU.

Dis-lui, mon petit, que j'accepte sa main. Je ne veux pas être ingrat; d'ailleurs, c'est mon intérêt. Mais ceci à une condition : c'est que je serai roi, et non mari de la reine. Sinon, non; j'aime mieux le royaume que j'ai conquis. Adieu, va-t'en, je n'ai pas le temps de causer. (*Sort l'ambassadeur.*)

Messieurs, voici un quart d'heure que nous sommes arrivés; dans deux heures, le soldat sera reposé et pourra se battre; il sera minuit. Qu'a-t-il à manger et à boire?

UN OFFICIER.

Rien qu'un peu de pain.

MATHIEU.

Il boira de l'eau aujourd'hui. Quant au solide, qu'on abatte immédiatement cinq cents chevaux; les chevaux sont inutiles pour l'assaut. On les fera rôtir avec ce petit bois qui est à gauche, et on les salera avec de la poudre à canon.

Nous allons attaquer la ville par le coin que vous voyez-là, qui est le plus faible.

UN OFFICIER.

Cette nuit?

MATHIEU.

Oui, il ne faut pas laisser à nos ennemis le temps de se reconnaître.

Il y a justement, derrière la face opposée du mur d'enceinte, trois villages. (*A un officier.*) Vous, allez-y. A minuit, il faut qu'ils soient embrasés tous les trois. Nous aurons les ennemis entre la lumière et nous; nous les verrons sans qu'ils nous voient. Vous, Radotta, dès que vous apercevrez les prêmières flammes, vous ferez avancer votre canon, que vous dirigerez vers le premier des deux points que je vous ai indiqués, à cheval, tout à l'heure. Dès que la flamme s'élèvera et qu'il fera bien clair. vons les transporterez au second. Pendant ce temps, Messieurs, je donnerai l'assaut en tête du premier régiment de hallebardiers; toute l'infanterie suivra. La cavalerie sera introduite quand nous serons maîtres d'un quartier.

Vous, faites construire des fascines, et distribuez-en deux à chaque soldat. Allez. (*Sort la suite.*)

LA REINE, *entrant.*

Mon ami, me voilà; j'ai voulu te suivre.

MATHIEU.

Tu consens donc, ma petite reine?

LA REINE.

Oui, je veux être à toi. Oui, tu seras roi de droit comme tu l'es de fait.

MATHIEU *la prend sur ses genoux et l'embrasse.*

Ah bien, c'est gentil; tu n'es pas grosse, mais tu es bonne fille.

LA REINE.

Tu ne me trouves donc pas belle?

MATHIEU.

Bah, ça viendra. Tiens, en ce moment, tu as un sourire qui me rend tout joyeux.

LA REINE, *enfonçant sa petite main dans les cheveux touffus de Mathieu.*

Non, tu ne m'aimes pas; mais moi je t'aime, mon goujat, mon lion. C'est que toi, tu es un homme, bien vivant, bien puissant, et tous ces autres êtres sont morts.

Étais-tu beau, quand en trois coups de sabre tu renversais tout l'entourage du roi; et quels cris de triomphe tu poussas, quand tu enfonças ton épée dans sa gorge. Ta petite femme était là. C'est alors qu'elle s'est évanouie.

MATHIEU, *riant.*

Ah ! oui, tu n'as pas été forte, femmelette !

TA REINE.

Va, cela ne m'arrivera plus. Oui, je serai courageuse maintenant. Tu vas donner l'assaut ?

MATHIEU.

A l'instant, et je serai encore vainqueur.

LA REINE.

Oh ! je le sais ! (*Elle lui entoure la tête de ses bras.* Vois donc comme cette nuit est belle, quel calme, quelle pureté; pourquoi son silence doit-il être troublé par des cris de mort ! Le vent, qui gémit doucement en accords mélodieux, semble déplorer le sang qui va rougir cette plaine; et la nature entière se plaint de ce spectacle déchirant qui bientôt souillera sa limpide splendeur ! Vois comme les étoiles nous regardent.

MATHIEU.

Qu'est-ce que tu me chantes-là ? (*Il lève la manche de la reine et passe la main sur son bras nu.*) Voyez donc ce petit bras; en serrant un peu, on l'écraserait. (*Il la soulève de terre, l'embrasse et la serre contre sa poitrine.* Viens! tu es ma femme ! (*Il l'emporte sous sa tente.*)

(*La scène reste vide un instant; on entend un bruit*

sourd de tambour, puis on voit des masses noires de soldats portant des fascines, qai défilent en silence — Bientôt une faible lueur paraît derrière la ville. Aussitôt le canon mugit à toute volée.)

MATHIEU, *paraissant.*

A l'assaut! à l'assaut!

LA REINE.

Tu pars; encore un baiser.

MATHIEU.

Oui, c'est le signal. (*Il prend son sabre d'une main et de l'autre une fascine. La flamme de l'incendie augmente.* Vois-tu cette flamme? Quand elle s'élèvera jusqu'au ciel, le fossé sera comblé; et le premier de tous j'aurai posé le pied sur la muraille. (*Il sort.*)

(*Toute la campagne s'illumine, le canon cesse.*)

TOUTE L'ARMÉE, *criant.*

A l'assaut! à l'assaut!

FIN DU SECOND ACTE.

ACTE III.

SCÈNE PREMIÈRE.

(Une salle immense, disposée pour un grand festin; de chaque
côté de grandes statues, des fleurs. Au fond, une galerie de
marbre qui laisse voir la ville; à gauche, une estrade où des
musiciens accordent leurs instruments ; les invités sont déjà
rassemblés par groupes : dames en grande toilette.)

PREMIER SEIGNEUR.

La reine va bientôt lui donner un héritier.

DEUXIÈME SEIGNEUR.

Oui, d'un moment à l'autre.

PREMIER.

Le roi s'occupe peu de sa femme et n'a pas cessé un
instant ses fêtes et ses repas.

DEUXIÈME.

C'est un grand général, trois campagnes terminées en
huit mois! Et non-seulement les trésors de ses ennemis

ont enrichi le sien, mais il a suscité chez eux des factions qui les mettent pour longtemps hors d'état de de combattre.

PREMIER.

Ah! c'est un triste temps pour la noblesse, toutes les hautes dignités sont données à des parvenus.

DEUXIÈME, *bas.*

Silence. Il vaut mieux se courber devant cet homme que l'avoir pour ennemi. Le peuple qu'il a soulagé, l'armée qu'il gorge d'or le portent aux nues. (*Plus bas.*) Le grand maréchal, dit-on, conspire contre lui, je ne voudrais pas être dans sa peau. Que peuvent quelques mécontents contre cet enthousiasme et cette gloire.

(*Paraît le roi, dans la galerie, la Macette est à son côté.
suite.*)

LE PEUPLE, *en dehors.*

Vive le roi!

(*Le roi lui jette quelques poignées d'écus, la Macette
l'imite.*)

LA MACETTE.

Sire, voyez donc comme ils se battent! ah, ah, ah, en oici un d'étouffé!

(*Le roi jette une dernière poignée d'écus.*)

CRIS, *en dehors.*

Vive le roi!

LE ROI.

Capitaine.

LE CAPITAINE.

Sire ?

LE ROI.

Les gens de mon village m'assomment de leurs requêtes, ils voudraient tous devenir de gros seigneurs. Faites publier cet ordre : Si dorénavant j'en rencontre un seul sur mon passage, il recevra deux cents coups de bâton sur les reins. (*A Macette.*) Vois, ma belle, la table est-elle bien servie.

LA MACETTE.

A merveille, sire, et la fête digne de Votre Majesté.
(*Tous les courtisans s'inclinent.*)

LE ROI.

Allons, messeigneurs, mesdames, à table.
(*On s'assied et on mange.*)

UN SEIGNEUR, *se levant.*

A la santé de notre grand roi, à l'héritier futur de son trône.

TOUS.

Hourrah ! hourrah !

PROPOS DE TABLE.

— Le vin est bon.
Madame, vous êtes plus belle que la Macette, et ses épaules d'or sont rouges à côté des vôtres.
— Le roi va partir prochainement en campagne.

— Grand bien lui fasse, pour moi je retourne au homard.

— Moi, je triple ces perdreaux.

— Madame, pour un baiser de vous, je perdrais volontiers la vie, mais pas un coup de dent.

— Cette pièce de bœuf qu'on vient d'apporter a fait gémir la table.

— Ce madère est ordinaire, cela me rend triste, et me fait penser à cette malheureuse reine qui à l'heure qu'il est est peut-être en mal d'enfant.

— Oui, pendant que nous choquons ici les verres et que son auguste époux serre de si près la Macette que es yeux lui en sortent de la tête.

— Môssieur, je crois qu'on pourrait faire du sucr avec la betterave.

— Peut-être avez-vous raison, mais ayez l'extrême obligeance de me passer les cornichons.

— Voici, monsieur.

— Après vous. Laquais! plusieurs bouteilles.

— Laquais, quelle est la destination de ce verre jaune dans lequel tous les vins sont laids.

— Mon cher monsieur, vous m'avez marché sur le pied.

— Madame, excusez l'ardeur de mon amour.

LA MACETTE, *au roi.*

Ce doit être difficile de gouverner un grand peuple?

LE ROI.

Non, pourvu qu'on coupe quelques têtes de nobles

Pour moi, je considère mes sujets comme m'apparte-
nant corps et biens, je les soigne et les engraisse
comme une bonne vache à lait. Je leur fais payer mes
plaisirs et mes soldats; mais je veux que tout ce qu'on
leur prend entre dans mes coffres, et malheur au ma-
gistrat qui me vole et veut avoir aussi sa part du gâteau,
malheur à celui qui murmure ou qui conspire, je brise.

(Il lui serre le poignet.)

LA MACETTE.

Ne me brisez pas.

LE ROI.

Vous briser! oh! que de baisers sur ce bras superbe
que j'ai meurtri. Que tu es belle, Macette! Si tu savais
comme j'étais bête quand je suis arrivé ici; la première
femme qui ait excité mes désirs, c'est la vieille nourrice de la reine. Mais je sais maintenant ce que c'est
qu'une belle femme, c'est toi. Ta bouche, vois-tu,
tremble de volupté. Comme je roulerai ma tête dans
cette courbe puissante qui sépare tes grandes épaules!
Quand je pétrirai tes robustes flancs dans mes mains,
et que je sentirai tes seins tressaillants se dresser contre
ma poitrine; alors tu sauras ce que c'est qu'un homme
amoureux.—Danseras-tu ce soir, ma joyeuse fille, tous
mes muscles craquent de joie quand je vois ta chair
souple et frémissante se tordre devant mes yeux.

LA MACETTE.

Impossible avec cette longue robe.

LE ROI.

Si! tu danseras, je le veux. (*Il crie.*) A vous, musiciens, la Macette va danser.　　(*Les musiciens jouent.*)

LA MACETTE.

Non, non, je ne veux pas.

LE ROI.

Si! te dis-je. Vide d'abord cette coupe profonde.

LA MACETTE.

Voici la coupe bue, mais ma jupe est trop longue.
LE ROI, *la prend sur ses genoux et déchire sa robe.*
Tiens, te voilà en jupon, maintenant tu peux danser.

LA MACETTE, *souriant.*

Vous êtes un tyran; donnez-moi des castagnettes.
LE ROI, *il prend à pleine main l'avant-bras de Macette.*

Viens, je vais les mettre moi-même à ces belles mains-là.

TOUS.

Hourrah! la Macette va danser.

SCÈNE II.

(Une salle de l'appartement de la reine.)

LA REINE, LA NOURRICE.

(La reine est assise sur une chaise roulante; costume de velours montant très-simple, elle est pâle et vieillie de dix ans, ses mains sont blanches comme un linge.)

LA NOURRICE.

Souffrez-vous, Madame?

LA REINE.

Non, je suis heureuse, je sens mon enfant vivant dans mon sein. — Etre mère! je vais être mère, comprends-tu? Oh! que me feront après, l'abandon de mon époux et la solitude. Je le verrai grandir, j'entendrai sa jolie bouche répéter mes paroles. Comment ai-je pu vivre si longtemps froide et inanimée, ne connaissant de plaisirs que ceux de la vanité ; cruelle, égoïste et brisée du vide de mon cœur. Oh! l'amour et le dévouement!

CRIS, *au dehors.*

Bravo, bravo, la Macette.

LA REINE.

Baisse cette draperie, ces cris me font mal, ce n'est pas au bruit de l'orgie que doit naître cet enfant royal qui sera si grand et si pur.

LA NOURRICE.

Cette brutalité m'indigne, cet homme qui vous doit
tout ne peut-il un instant cesser ses débauches.

LA REINE.

Tais-toi : le roi ne peut vivre qu'au milieu de l'ac-
tion; sa chaude nature se dévore dans le calme et le
silence.

LA NOURRICE.

Oh! cet homme, je le déteste! — Comment pouvez-
vous souffrir qu'il vous traite ainsi. Quoi! ce parvenu
délaissera pour des filles celle qui l'a élevé, il dissipera
votre patrimoine et il n'aura pas même la pudeur de
vous laisser en paix; chaque jour il vous frappera de
coups nouveaux et fera tomber la tête d'un de vos pa-
rents.

LA REINE.

Tais toi, te dis-je.   (*Entre le grand-maréchal.*)

LE GRAND-MARÉCHAL, *il se met à deux genoux aux
pieds de la reine.*)

Madame, pardonnez-moi!

LA REINE.

Vous pardonner, maréchal? Qu'ai-je à pardonner à
un brave et fidèle serviteur comme vous : Relevez-
vous, relevez-vous.

LE GRAND-MARÉCHAL.

Non, car je suis le dernier des misérables, moi seul ai causé tous les maux de ma reine. Quand la vieillesse impuissante m'ordonnait le repos, l'orgueil, la soif des grandeurs m'a fait garder ce pouvoir que j'aurais dû laisser à un plus jeune et plus digne; et mes débiles mains ont ruiné mon pays. Chaque fois que tombe une noble tête, je me dis : « C'est toi qui es le bourreau! »

LA REINE.

Relevez-vous, maréchal, relevez-vous.

LE GRAND-MARÉCHAL.

Oui, je me relèverai, mais parce que j'aurai la force de réparer mes torts, parce que l'indignation m'a donné une jeunesse nouvelle. Madame, tout ceci a trop long-temps duré. Donnez-moi vos pouvoirs et tout rentrera bientôt dans l'ordre. Une grande conspiration se pré-pare pour renverser le tyran; tout ce qu'il y a de noble et de généreux dans vos États en fait partie; consentez, venez avec moi, donnez-moi l'appui de votre présence et rien ne pourra nous résister. — Cette force dont jouit le tyran n'est qu'apparente, votre acte qui le fait roi est nul de soi. — Un souverain ne peut disposer de la souveraineté. — L'armée victorieuse qui entoure cet homme, recrutée dans tous les pays et même parmi nos ennemis, lui est attachée, mais les garnisons de province ne connaissent que vous; elles le détestent, car elles n'ont point de part à ses largesses. L'igno-rance et l'audace peuvent un instant triompher de la

tactique la plus savante, mais un tel succès ne se re-
commence pas. Je connais les procédés militaires de
cet homme, ils ne m'étonneront plus. Si je résiste une
demi-heure au choc impétueux de ses troupes indisci-
plinées; c'en est fait de lui. Enflé de son bonheur, il
ne sait pas prévoir la mauvaise fortune; il ne sait pas
méditer savamment chaque coup avant de le jouer. Il
perdra la tête. Et qu'il fuie, tout ce peuple qui l'exalte
l'abandonnera et se moquera de lui. — Partout où vou-
dront se réfugier ses soldats en désordre, ils trouve-
ront les portes fermées et des ennemis résolus.

LA REINE.

N'allez pas plus loin, c'est mon époux! Je vous ordonne de renoncer à vos projets; et prenez garde, bien
des morts retomberaient encore sur votre tête; si vous
ne dénouez ce complot, j'avertis le roi.

LE GRAND-MARÉCHAL.

Quoi, Madame, il ne vous a pas assez insultée, hu-
miliée?

LA REINE.

C'est le père de mon enfant.

LE GRAND-MARÉCHAL.

Et qui vous dit que c'est à votre fils que le traître
réserve la couronne? — Qu'une prostituée lui fasse un
bâtard aussi brute que lui, il le préfèrera au rejeton de
tant de rois. — Mais alors, il serait trop tard, tant de

fils que j'aurais dénoués, rien ne les renouerait. Agissons, Madame, agissons.

LA REINE, *se levant brusquement.*

Mon enfant privé du trône... La chair de ma chair devenant sujet du fils d'une courtisane! Oh! non, non pas! Oh! je serai forte; oh! je vivrai pour soutenir ses droits, oh! alors moi-même j'irai me mettre à la tête de mes troupes, et rien ne me résistera. Je vous dis que c'est impossible; laissez moi, sortez! (*Sort le maréchal. La reine retombe anéantie sur son siége*).

LA REINE.

Un bâtard, un bâtard, et si je meurs...—Non, non je vivrai—N'est-ce pas, marquise, je suis forte? Mes couleurs sont revenues, je suis toujours cette rieuse jeune fille que tu as élevée?

LA NOURRICE.

Oui, Madame, calmez-vous, calmez-vous. Vous vivrez, vous renaîtrez sous les baisers de votre enfant. Dans votre position, toute femme est malade.

LA REINE.

N'est-ce pas, n'est-ce pas?... La layette est-elle finie? Que tu es heureuse de savoir coudre !

LA NOURRICE.

Le grand-maréchal est un noble cœur, pourquoi avez-vous repoussé son dévouement?

LA REINE.

Et que veux-tu que je te dise? J'aime le roi... Lui seul m'a animée, m'a émue. Quel reproche veux-tu que je lui fasse. Jamais mes états ne furent si florissants. J'étais incapable de gouverner ; au gaspillage et à l'impuissance il a fait succéder l'ordre et l'éclat. Veux-tu que je lui en veuille de son abandon? Je ne suis pas une compagne digne de lui ; un seul de ses embrassements terribles m'a mise dans l'état où me voilà. Une femme chétive, flétrie, malade, n'est pas la compagne d'un tel homme. Eh! quoi, d'ailleurs, ne faut-il pas que je sente à mon tour les souffrances du mépris et de l'amour dédaigné, moi qui, au jour de mon indifférence égoïste, les ai fait subir à tant d'autres. Oh! Mercutio, Mercutio! (*La reine pousse des cris successifs et entre en mal d'enfant*).

LA NOURRICE.

Oh là!... oh là! quelqu'un! (*Un laquais paraît.*) Le médecin ! le médecin !

(*Elle roule la reine dans la chambre voisine. Le laquais sort, la scène reste un instant vide, on entend, de temps à autre, les cris de la reine. Les portes du fond s'ouvrent, arrive le roi, animé par le vin. La Macette s'appuie sur son épaule, suite nombreuse.*)

LE ROI.

Mon enfant, mon enfant! il va naître, il va naître! Ah! mon héritier, tu auras des rois pour parrains et le monde pour patrimoine. Messieurs, encore un coup de vin : vive l'héritier du trône !

TOUS, *buvant.*

Vive l'héritier du trône !

          (*On entend les cris de la reine*).

LE ROI.

Ah!... Ah! voilà la vie qui tressaille ! (*Il jette son verre et se dirige vers la chambre voisine*).

        LA NOURRICE, *se présentant.*

N'entrez pas, tout est fini !

LE ROI.

Comment ?

        LA NOURRICE.

Morte !

        LE ROI.

Et mon enfant ?

        LA NOURRICE.

Mort !

        LE ROI.

Tu veux rire.

LA NOURRICE, *roulant vers lui le fauteuil de la reine.*

Tiens, chien ! voilà ta souveraine que tu as tuée !

        LE ROI, *riant du rire de l'ivresse.*

Ah, ah,—c'est ma foi vrai, la petite catin est morte. —Oh, poupée impuissante aux entrailles infécondes; tant mieux que notre enfant soit mort, il aurait été pourri et énervé comme toi.—Non, non, ce n'est pas cela qu'il me faut, femme de cire ! un seul enfant rachitique ! — Je veux vieillir comme un large chêne au

milieu de ma nombreuse progéniture, — de fils robustes et géants comme moi ! car j'aurai le monde à
léguer à ma puissante race. (*Il frappe de sa main ou-
verte l'épaule nue de Macette.*) C'est toi, ma gaillarde,
qui sera ma femme ; je te fais reine, et dès ce soir.
(*Murmures parmi les seigneurs.*) Silence ! ou pour
chaque cri une tête va tomber !

LE GRAND-MARÉCHAL, *s'avançant.*

Tu n'es plus rien ici, mari d'une reine morte et non
roi. — Tu as donc cru, dans ton fol orgueil, que quand
sa main ne serait plus là pour te soutenir nous cour-
berions encore nos têtes devant toi ; tiens, traître, as-
sassin, meurs.

> (*Il fond sur lui pour le percer de son épée. Le roi ar-
> rête l'épée au moment où elle est contre sa poitrine ;
> d'une main il en prend la pointe entre le pouce et
> l'index, la relève et la brise ; de l'autre, il saisit le
> maréchal à la gorge, le soulève de terre, et lui brise
> la tête contre le sol*)..

LES SEIGNEURS.

Horreur ! La cervelle à jailli. (*Ils tirent leurs épées*).
Meurs, tyran !

LE ROI, *d'une voix de tonnerre.*

Mon sabre, mon sabre ! (*Il saisit un escabeau de chêne
et renverse tout devant lui.*) A moi mes gardes, à moi !
(*Les soldats entrent et frappent les seigneurs qui s'enfuient*).

LE ROI.

Tayau, tayau sur ce gibier noble; tuez, tuez, mes braves dogues! (*pendant le carnage.*)

Maintenant qu'on me fasse venir des architectes, ce palais est trop petit pour moi; il m'étouffe. J'en veux bâtir un à ma taille. Des peintres aussi et des sculpteurs, que les formes nues de ma maîtresse soient partout reproduites; qu'ils éternisent la mémoire de celle qu'aima le conquérant! — Ce soir, je me marie, et demain je monte à cheval pour conquérir le monde. L'or et le marbre, la mangeaille, la volupté et le sang!

FIN.

Paris. — Imprimerie de E. Brière, rue Sainte-Anne, 55.

PARIS. — TYP. E. BRIÈRE, RUE STE-ANNE, 55.

www.ingramcontent.com/pod-product-compliance
Lightning Source LLC
LaVergne TN
LVHW022024080426
835513LV00009B/872